RÉPUBLIQUE ARGENTINE

COMMISSARIAT GÉNÉRAL
DE
COLONISATION EN EUROPE

Paris, le 25 juillet 1877.
26, Avenue de Friedland.

A Son Excellence
Monsieur le Ministre de l'Intérieur d'Italie.

MONSIEUR LE MINISTRE,

J'ai sous les yeux la copie d'une circulaire émanant de votre département, relative à l'émigration dans la République Argentine, ainsi que des instructions qui en accompagnent l'envoi aux préfets des diverses provinces du royaume d'Italie.

Permettez-moi, en ma qualité de commissaire général en Europe de la colonisation argentine, de vous exprimer l'étonnement que m'a causé de voir une pareille publication revêtue du caractère officiel, d'autant plus qu'elle renferme des insinuations injurieuses, dénuées de preuves, contre les autorités et notamment la magistrature d'un pays qui a toujours rempli loyalement ses engagements envers les étrangers. Je ne puis m'empêcher de croire que votre bonne foi a été surprise; car il me sera facile de démontrer que la circulaire dont il s'agit se base uniquement sur des articles de journaux dissidents, des lettres empreintes d'un esprit rien moins que généreux, ou tout au moins sur des contradictions ou des exagérations. Les Italiens honnêtes et laborieux qui résident dans la République Argentine seraient eux-mêmes, je n'en doute pas, les premiers à protester, comme le fait du reste sur plus d'un point le vice-consul de S. M. le roi d'Italie à Rosario, M. A.-L. Petich, dans son rapport publié dans le *Bulletin consulaire* italien des mois de novembre et de décembre 1876, de février et de mars 1877, rapport où je trouve des appréciations et des faits contraires à ceux qu'on met en avant pour jeter du discrédit sur la République Argentine et nuire aux intérêts de ce pays nouveau,

qui sont en même temps ceux de l'Italie elle-même, ainsi que je le ferai voir.

L'écrivain de la circulaire ne peut s'empêcher de déclarer, à son début, que les rives de la Plata sont le but d'émigration le plus convenable, sous tous les rapports, pour les populations italiennes, qui n'ont point à y redouter les déceptions qui les attendent dans les autres États de l'Amérique du Sud. Les avantages qui ont établi cette préférence, tels que la salubrité du climat, l'identité des mœurs et d'usages, etc., sont des avantages d'une nature constante, que rien ne peut détruire et qui subsistent encore, en dépit des accidents qu'on invoque; aussi l'écrivain, pour expliquer le changement *subit* qu'il signale dans l'état des choses, se voit-il obligé de rechercher des causes purement passagères, accidentelles, et qui, bien plus, ne sont pas particulières à la République Argentine, puisque beaucoup d'autres pays en ont en même temps éprouvé l'influence.

Ainsi la crise commerciale et financière qui, depuis quelque temps, frappe la République Argentine est ressentie presque partout, jusqu'en Europe. L'Italie, en particulier, doit bien le savoir; et est-ce à elle qui, afin de faire face à ses engagements, a diminué le taux d'intérêt de ses rentes, sur le montant desquelles elle a imposé des taxes, à faire presque un crime de sa gêne temporaire à un État qui, au milieu des plus grands embarras, a payé intégralement les parties échues tant de sa dette intérieure que de sa dette extérieure, lesquelles diminuent chaque année considérablement? Si les maux de la crise ne sont pas encore complètement guéris, il n'en est pas moins certain que la situation s'améliore, par suite des économies introduites dans l'administration, de la conciliation des partis politiques et de l'absence des révolutions.

Au surplus, — puisqu'il s'agit ici plus particulièrement du sort des colons, — la circulaire italienne reconnaît que ce sont surtout les villes de la République qui ont eu à souffrir de la crise, mais que « l'influence s'en est fait moins sentir dans les colonies agricoles. » C'est pourquoi l'écrivain sent le besoin de chercher encore d'autres causes, non seulement à la non prospérité, mais même au manque de moyens d'existence des colons.

Or l'allusion qu'il fait à « d'horribles épidémies qui parfois déciment des populations », est un démenti qu'il se donne à lui-même, puisque les premières lignes de la circulaire constatent la salubrité du pays. Non pas que la République Argentine ait la prétention d'être à l'abri des maladies : les fièvres pernicieuses, le choléra ne l'ont pas épargnée plus que d'autres contrées; mais ils n'y sont pas endémiques comme dans les régions tropicales et n'y apparaissent que rarement, exceptionnellement.

Il faut ranger aussi dans cette catégorie d'accidents exceptionnels les ravages occasionnés l'année dernière par les sauterelles et les pertes qu'en a éprouvées l'agriculture : ce sont là des désastres communs à tous les pays agricoles. L'Algérie, l'Égypte, les États-Unis et aussi plusieurs provinces de l'Italie, la Sardaigne par exemple, n'ont-ils pas à redouter des fléaux analogues, et presque invariablement chaque année? L'insuffisanee des récoltes n'est-elle pas, dans ces dernières années, la plainte constante de la plupart des pays d'Europe, notamment de la Suisse, où il a été déclaré, au sein du conseil national, que « des milliers de familles sont privées de l'espoir d'arriver, par le travail et l'économie, à satisfaire aux besoins de la vie? »

Quel tableau différent présentent l'état de l'agriculture et sa production dans les colonies argentines!

M. Petich, dans son rapport (*Bolletino consolare*, fasc. 11 et 12, novembre et décembre 1876, p. 687 et 688), estime à 35,425 *cuadras* (1) l'ensemble des terres cultivées en 1874 dans trente-deux colonies; ce nombre était de 37,635 *cuadras* à la fin de 1876 : ce qui donne une augmentation de 2,210 *cuadras*, ou une lieue et demie carrée, en deux ans, et malgré la crise qui est censée entraver tout développement depuis la dernière de ces deux années.

Si nous suivons, avec le même rapport, les progrès de la production, la récolte de froment, qui, en 1870, avait produit 45,403 *fanegas* (2), était de 199,480 *fanegas* en 1875, c'est-à-dire qu'elle avait plus que quadruplé dans l'espace de cinq ans, sans tenir compte de 80,000 *fanegas*, évaluation des pertes occa-

(1) 1 cuadra vaut 0 hectare 750.

(2) 1 fanega vaut 172 kilogrammes 275.

sionnées par les sauterelles et la grêle. Et la production va toujours en croissant, malgré la crise. M. Petich ajoute en effet : « Les gens qui se bercent le moins d'illusions prévoient pour 1880 une production qui ne sera pas moindre d'un million de fanegas. En attendant, les systèmes de culture se perfectionnent; les industries se développent dans tous ces petits centres, malgré la crise; il s'y établit des moulins à vapeur de premier ordre, et l'exportation a atteint, dans cette dernière année (1876), le chiffre avantageux de 1,351,153 patagons (ou 6,755,765 fr.), qui, répartis entre les 15,510 colons, donneraient une valeur effective de 87 piastres fortes 11 centièmes (ou 435 fr. 55) par habitant, y compris les enfants, les vieillards et les femmes, et sans compter les grains que les colons n'exportent pas, mais qu'ils gardent pour l'ensemencement ultérieur, pour leurs besoins personnels pendant l'année à suivre, pour spéculer sur la hausse des prix, etc. »

Quoique, d'après les données qui précèdent, l'ensemble de la production paraisse satisfaisant, nous admettons que certaines colonies ont souffert des accidents qu'on signale; mais on doit d'abord admettre aussi que ce ne sont là que des souffrances passagères, auxquelles la grande fertilité du sol, qu'on ne saurait nier, donne l'espoir de mettre un terme prochain. Ensuite, qu'il nous soit permis de demander si ceux des colons qui se plaignent ont, dans tous les cas, agi avec la prévoyance et l'économie qu'exige la situation, et dont d'autres leur ont donné l'exemple; car, il faut l'avouer, dans la circulaire comme dans les documents sur lesquels elle se base, nous trouvons presque à chaque pas le remède indiqué à côté du mal : ainsi nous voyons qu'un sieur Casado, de la colonie Candelaria, a eu la prudence de conserver des grains pour ses semences et celles de ses voisins.

Dans ces circonstances malheureuses, le gouvernement argentin a fait ce qu'il dépendait de lui pour alléger le mal : il a rempli ses engagements envers les colonies de son ressort, c'est-à-dire celles qui appartiennent à la nation; mais la loi ne lui fournissait pas les moyens de venir en aide, autant qu'il l'eût désiré, aux autres colonies, qui sont, à proprement dire, des entreprises particulières et qui ont, par conséquent, à se soutenir par elles-mêmes.

C'est ce que fait nettement ressortir la lettre de M. Dillon, commissaire général de l'émigration à Buenos Aires, — cette lettre que la circulaire semble avoir prise pour base principale de son argumentation.

« Les colonies du centre, comme la plupart des colonies de Santa-Fé, dit M. Dillon, sont des entreprises particulières, où le propriétaire du terrain se propose de le vendre 30,000 piastres ou plus la lieue, quand elle lui en a coûté seulement de 3,000 à 5,000, et dans certains cas ne lui a rien coûté du tout. C'est donc une affaire comme une autre, et si les années ne sont pas favorables aux colons, le propriétaire perd la vente sur laquelle il comptait; mais le terrain lui reste toujours, et, quoiqu'il ne puisse plus le vendre à un prix aussi élevé, il est toutefois le premier directement intéressé à ne pas le voir abandonné par les familles qui s'y sont établies par ses soins. Le second intéressé, c'est le négociant, qui, dans quelques cas, a fait du bien aux colons, et dans d'autres beaucoup de mal, en aidant chez eux *la satisfaction de besoins factices, qui entraînent les colons à contracter des dettes au-dessus de leurs moyens*. Il est encore un autre intéressé, l'éleveur de bétail, qui fournit les animaux pour la consommation, pour la reproduction et pour les travaux; son intérêt est d'autant plus grand que les colonies ont donné au bétail une valeur qu'il n'avait pas dans le principe. »

Ces quelques lignes précisent bien la position réelle de la plupart des colonies, les spéculations dont elles sont l'objet, et, en même temps, quelques-unes des causes qui en arrêtent la prospérité : c'est aux intéressés à prendre soin de leurs propres intérêts; cependant l'administration est loin de leur refuser son concours.

« En votre qualité officielle ou comme particulier, écrit le commissaire général de l'immigration à M. de Arteaga, président de la commission d'immigration à Rosario, provoquez une souscription parmi les propriétaires des terrains adjacents, parmi les éleveurs, enfin parmi les négociants; qu'ils réunissent au moins la moitié de la somme nécessaire (1,600 piastres), sous forme de prêt aux colons, et communiquez tout cela officiellement en demandant le surplus au gouvernement; j'appuierai votre demande.

Que si les intéressés ne veulent rien faire, je me bornerai, pour ma part, à porter les faits à la connaissance du gouvernement, pour qu'il prenne des déterminations en conséquence. »

Le dernier message du président de la République présente l'offre contenue dans cette lettre comme réalisée. D'ailleurs, « les colonies commencent à surmonter ces malheurs, et la semence tombe aujourd'hui dans de nouveaux sillons ouverts par la charrue. Tout indique qu'une récolte meilleure récompensera cette année les efforts et la persévérance de l'agriculteur. »

Quoi qu'il en soit, il y a exagération à dépeindre les colonies comme en proie à la famine, à l'abandon, au dépeuplement. Si l'on a eu à constater une diminution de population dans les villes, où la crise a entraîné le manque de travail, les colonies ont dû recevoir un grand nombre des désœuvrés; aussi en trouvons-nous la population accrue plutôt que diminuée : tandis qu'elle n'était à la fin de 1872 que de 16,678 colons pour toutes les colonies, elle s'élevait, le 31 juillet dernier, à 23,595 pour les colonies de la province de Santa-Fé seulement; c'est une augmentation de 6,917 — plus d'un tiers — en trois ans et demi (*Informes del Inspector de Colonias de la provincia de Santa-Fé, y de la Comision exploradora del Chaco*, 1876, p. 46).

Et si la situation des colonies était devenue aussi misérable qu'on le prétend, comment expliquer ce fait qu'une somme d'au moins 100,000 fr. a été, dans le courant de l'année, dépensée par le gouvernement en avances de passage pour des parents de colons que leurs familles faisaient venir d'Europe auprès d'elles (décret du gouvernement argentin du 3 mars 1877)?

Enfin, si l'*immigration* offre en 1876 une différence en moins sur l'année précédente, cette diminution est compensée par le ralentissement de l'*émigration*, qui présente une différence en moins considérable sur les chiffres antérieurs, différence qui, selon le message présidentiel, « doit être attribuée aux travaux patients et systématiques du département de l'immigration, dont le but est d'interner l'immigrant, qui aujourd'hui a pour champ d'action la République tout entière. »

Quant aux invasions des Indiens, voici comment s'exprime le vice-consul suisse à Buenos Aires, dans un rapport adressé le

1er octobre dernier au conseil fédéral à Berne : « Il faut dire que ce danger est généralement exagéré à l'étranger. On connaît parfaitement les contrées où ces invasions sont possibles, et les colons peuvent donc prendre leurs mesures en conséquence. Personne n'est forcé de s'établir dans les parages où ce danger existe; mais *il y a un attrait particulier à occuper des terrains qui ne coûtent rien ou presque rien*, et souvent on se tire d'affaire sain et sauf..... »

Nous pouvons ajouter que l'administration s'est particulièrement préoccupée des travaux nécessaires pour garantir les frontières et les territoires habitables contre de pareilles incursions, et la sécurité sera complètement établie avant la fin de l'année par une ligne de défense, formée de nombreux fortins, reliés entre eux par des communications télégraphiques.

Exagération encore que d'agiter, aux yeux des émigrants, le spectre de la révolution, de la guerre civile. Il est aisé de loin de grossir des accidents dont ceux à qui on les conte ne sont pas à portée de vérifier l'importance.

Quelles sont donc ces « fréquentes agitations révolutionnnaires, ces luttes continuelles des partis », dont parle la circulaire? Le message du président Avellaneda nous édifie à ce sujet : « Les manifestations de l'esprit de désordre se réduisent à un essai de déraillement sur le chemin de fer du Nord; à un mouvement de prisonniers dans une prison de Cuyo; à une interruption du télégraphe, calculée pour empêcher la transmission de faits qui *devaient* arriver, mais qui ne se sont point accomplis.

« L'invasion de l'Entre-Rios n'a été, en réalité, qu'une course dans des campagnes non peuplées, exécutée par 300 ou 400 cavaliers, qui n'ont trouvé de refuge dans aucune ville... La province d'Entre-Rios s'est sauvée par son seul effort. »

En résumé, dit le président, « après l'expérience des deux dernières années, il est resté parfaitement démontré que chez nous il ne saurait plus y avoir désormais de théâtre pour ces révolutions qui changent avec une force irrésistible la situation de la nation ou celle d'une province. »

Jugeant sans doute tous ces prétextes de terreur insuffisants, on va jusqu'à alléguer qu'il n'y a de sûreté publique ni dans les villes ni dans les campagnes, par suite des crimes sans nombre qui s'y commettent. C'est là un argument qu'il est facile de rétorquer contre ceux qui le mettent en avant.

Si nous consultons le tableau statistique de la police de la ville de Buenos Aires pour 1873 (c'est le document de ce genre le plus récent que nous ayons à notre portée), nous voyons que le nombre des criminels entrés dans les prisons de la ville pendant cette année-là a été de 12,612, dont 4,902 Argentins et 7,710 étrangers ; d'où il résulte que la majorité des crimes n'avaient pas été commis par des individus nés dans le pays, mais bien par des individus venus du dehors. Si nous poussons plus loin l'enquête, nous trouvons parmi les 7,710 criminels étrangers 579 Anglais, 1,049 Français, 1,644 Espagnols et 2,822 Italiens. (*Registro estadistico de la Republica Argentina, año de 1872 y 1873, Estadistica moral*, p. 314.)

L'énumération des simples délits correctionnels fournit des résultats identiques : sur un total de 693, 271 sont attribuables à des Argentins contre 422 à des étrangers; et parmi ces derniers, le plus grand nombre est au compte des Italiens, 163; les Espagnols, qui viennent ensuite, n'en comptent que 104. (*Registro estadistico*, p. 324.)

Depuis 1873, les choses n'ont guère changé sous ce rapport; la proportion a même plutôt augmenté au désavantage de la nationalité italienne, non pas que l'Italien soit plus enclin au mal que les autres immigrants; mais, tout le monde le sait, les Italiens eux-mêmes qui habitent la République en font foi, et je ne doute pas que les agents, les consuls eux-mêmes de l'Italie n'aient appelé sur ce fait l'attention de leur gouvernement, les agents d'immigration de Naples et des contrées voisines, dont les campagnes sont infestées d'un brigandage légendaire, contre lequel les efforts persévérants des autorités italiennes demeurent le plus souvent stériles, ne se sont pas fait scrupule d'envoyer sur les rives de la Plata des galériens, des criminels échappés à la justice de leur pays.

Le grief que j'énonce ici n'est pas, du reste, particulier à l'émigration italienne. Nous voyons, en effet, le consul suisse se plaindre aussi que « il est arrivé trop souvent que des autorités communales (de Suisse) ont profité des avances offertes par des entreprises de colonisation pour se débarrasser de familles indigentes, dépravées et dégradées par l'assistance publique. » Il est le premier à condamner « un pareil procédé, duquel la bonne renommée du nom suisse a souffert en bien des endroits, et dont le consulat a éprouvé le contre-coup sous la forme d'une foule d'affaires désagréables : c'est même une des raisons pour lesquelles il est si difficile de trouver quelqu'un qui veuille représenter la Suisse dans la République Argentine. »

Après une semblable constatation, je crois superflu d'attacher la moindre valeur aux soupçons d'injustice et de partialité dont on cherche à flétrir la magistrature argentine. Qu'il me soit seulement permis de faire observer que de si graves atteintes à l'honneur d'un pays civilisé ne devraient pas trouver place dans un document officiel, sans être appuyées de preuves désintéressées, indéniables, qui puissent seules les justifier.

C'est le même esprit qui a également inspiré cette assertion que « les nouveaux colons qui arrivent sont facilement, par les agents d'émigration, transportés avec leurs familles sur les territoires extrêmes des colonies, où ils courent les plus grands dangers. » Autant d'erreurs que de mots : d'abord, il n'y a pas à Buenos Aires d'agents d'émigration à qui les nouveaux venus aient affaire ; ensuite les colons sont libres de choisir la destination et la résidence qui leur agréent le mieux. Les immigrants, dès leur arrivée dans le port de Buenos Aires, sont sous la protection du gouvernement argentin, et cette protection, le consul suisse que nous avons déjà cité la juge « digne de tout éloge. »

« Il existe, dit-il, à Buenos Aires, un bureau central d'immigration, ayant sous sa direction les institutions suivantes :

« 1° Dans toutes les capitales de province et dans les autres centres de population importants au point de vue de la colonisation, des commissions ou des sous-commissions d'immigration ;

2° A Buenos Aires même, un bureau central de renseignements et de placement ;

« 3° Un hôtel pour les immigrants, où tous ceux qui le désirent trouvent le logement et la nourriture à titre gratuit pendant les premiers jours qui suivent leur débarquement.

« Ce débarquement lui-même, qui est très-coûteux, parce que les navires d'outre-mer sont obligés de mouiller à une grande distance dans une rade extérieure, s'effectue également sans frais pour les immigrants qui en font la demande à l'employé du commissariat de l'immigration chargé de se rendre immédiatement à bord de tout navire amenant des passagers, au moment où il est signalé.

« Outre cela, tous les émigrants nouvellement arrivés obtiennent, sur leur demande, le transport gratuit de Buenos Aires dans l'intérieur du pays. On ne leur impose, par contre, aucune obligation, aucun engagement. Cette protection ne s'étend pas exclusivement aux nouveaux arrivés : le bureau de renseignements, qui sert également ceux qui demandent et ceux qui offrent de l'occupation, donne gratuitement ses indications et ses services à tout le monde, quelle que soit la durée du séjour dans le pays ; et toutes les fois qu'il s'est agi de transporter dans l'intérieur des personnes qui étaient déjà arrivées depuis quelque temps, le gouvernement ne leur a jamais refusé le voyage gratuit, pour leur faciliter les moyens d'améliorer leur position. »

Et l'on ne viendra pas objecter, je pense, que ce mode de conduite ait été changé en pis depuis la date du rapport du consul suisse, le 1er octobre 1876 ! Bien au contraire, l'administration actuelle n'a cessé de se préoccuper de créer une base meilleure pour l'immigration et la colonisation futures, et la loi du 6 octobre dernier est venue accroître les facilités et les commodités offertes aux émigrants, les garanties et les droits assurés aux colons.

Ne pouvant trouver défaut à cette législation, qui est toute à l'avantage des émigrants, desquels elle exige uniquement des gages de moralité et d'aptitude au travail, ainsi qu'aux mesures récemment adoptées par le gouvernement pour en activer la pratique, on met en suspicion la loyauté de l'administration : ces lois, ces mesures nouvelles, prétend-on, ne sont qu'autant d'appâts pour allécher l'étranger, à qui, « une fois qu'il est introduit sur le territoire de la confédération, on impose des conditions rien moins que bienveillantes » ; et, impuissant à mentionner ces conditions, on s'attaque à cette clause constitutionnelle qui considère comme citoyens de la République les enfants d'étrangers nés dans le pays : « C'est pour pouvoir les enrôler de force, les contraindre au service militaire dans les moments de révolutions, par trop fréquentes dans ces contrées! » Pareille incrimination tombe à néant devant l'état de paix dans lequel la République Argentine vit avec les autres puissances, et devant l'exposé que le président nous a fait de sa situation intérieure. On repousse là comme un fardeau ce qui serait regardé partout ailleurs comme une prérogative : en effet, si la constitution confère la nationalité argentine aux enfants nés de parents étrangers, ce n'est point pour en faire forcément des soldats pour son armée active, qui dans les temps normaux ne comprend pas plus de 5,000 hommes; c'est pour les élever au niveau des autres citoyens, les rendre aptes à participer à tous les emplois, à toutes les dignités de l'Etat. Sous ce rapport, aucune constitution n'est plus libérale que celle de la République Argentine : les étrangers, sans même avoir eu recours à la naturalisation, sont admis à prendre part à l'administration civile et financière, et ils figurent en grand nombre dans les corps municipaux de chaque province.

De plus, cet empressement à accueillir les enfants des étrangers sur un pied d'égalité, à ouvrir aux étrangers les portes des administrations municipales, donne un démenti manifeste à cette autre accusation qui représente les citoyens de la République comme animés d'inimitié, de jalousie contre les émigrants. Les Argentins, au contraire, comprennent que l'immigration étrangère apporte la vraie richesse sur le sol de la patrie, et elle sait lui rendre justice. En ce qui regarde les Italiens en particulier, « la colonie italienne, écrit le journal de Buenos Aires *l'Operaio italiano*, est celle qui a procuré les plus grands biens à la République. »

Le consul suisse, dans son rapport, n'hésite pas à constater que « les Suisses en général sont respectés et même quelquefois distingués par les autorités aussi bien que par les habitants du pays », malgré les éléments inférieurs dont se compose trop souvent l'émigration de ses compatriotes.

Il faut être juste, ne pas attribuer à d'autres des torts qui proviennent de ceux-là même qui s'en plaignent. Ecoutons encore à ce sujet le consul suisse. « Au point de vue pécuniaire, dit-il, toutes les familles *laborieuses* et *économes*, à très-peu d'exceptions près, sont parvenues, après quelques années de culture et de travail, à une position tout à fait satisfaisante. Ce fait est d'autant plus significatif, si l'on considère que 90 pour 100 au moins des colons sont arrivés sur le territoire argentin dans un dénûment complet, la plupart même n'ayant pu émigrer que grâce à l'avance qui leur a été faite des frais de voyage, des vivres et d'autres objets de nécessité; une partie de ces derniers ont même été *expédiés* dans le temps *par leurs communes pour s'en débarrasser*. On rencontre dans les premières colonies un nombre réjouissant de familles qui étaient pauvres en arrivant et qui sont maintenant dans l'aisance; il y en a même qui sont devenues très-riches, mais ce dernier cas ne s'applique qu'à quelques-unes. » Or le consul reconnaît que si « la majorité des colons n'ont pas su s'élever au-dessus d'un certain niveau, la faute en est au manque d'énergie et de persévérance, quelquefois à un défaut d'intelligence et de savoir faire. »

Oui, il n'est que trop vrai que, dans beaucoup de cas, l'émigrant devrait s'en prendre à lui-même de la misère qu'il éprouve dans un pays pour lequel il s'est embarqué sans se rendre compte s'il a les aptitudes propres à s'y créer des moyens de subsistance. Ces moyens, sur les rives de la Plata, comme partout ailleurs, ne s'acquièrent qu'à force d'activité et d'économie; il n'est donc pas étonnant que des individus sans capacité spéciale ne voient pas se réaliser les illusions de fortune dont ils s'étaient bercés, sur une terre qui réclame avant tout l'industrie du fermier et de l'agriculteur. C'est pourtant des récriminations de ces gens-là que se font l'écho certains spéculateurs, qui n'ont pu juger de l'état réel des choses par eux-mêmes et ne s'aperçoivent pas, dans leur aveuglement passionné, du préjudice qu'ils causent à leur propre pays.

C'est un résultat acquis aujourd'hui que si l'émigration est profitable au pays qui en est le but, elle ne l'est pas moins au pays dont elle est le point de départ, qui en fournit les éléments.

En réponse au questionnaire de la commission officielle pour le développement du commerce, la société de géographie de Bordeaux a émis l'avis que « l'émigration ne peut plus être envisagée avec défaveur. » « Car, dit-elle, elle offre une issue à l'excédant de la population et a pour effet de relever la main-d'œuvre dans les districts où le prix de cette main-d'œuvre n'est pas en équilibre avec les besoins essentiels de la vie. »

Comme exemple des avantages que l'émigration a eus pour la mère-patrie, la société cite entre autres le département des Basses-Pyrénées, « qui ne se trouve pas mal du courant d'émigration qu'il a établi vers l'Amérique du Sud. » « Grâce aux envois d'argent incessants de la part des émigrants à leurs familles, les propriétés mieux cultivées ont acquis une grande plus-value. D'un autre côté, ces anciens compatriotes imposent leurs goûts à leur pays d'adoption ; ils y attirent l'importation de nos vins, de nos tissus, et donnent aliment à une navigation très-active, tant à voiles qu'à vapeur ; ils rendent ainsi avec usure à la mère-patrie, c'est-à-dire à son agriculture et à son industrie, ce qu'ils ont pu lui faire perdre sous le rapport de la main-d'œuvre. »

Les statistiques officielles confirment pleinement cette assertion : les échanges commerciaux entre les deux pays suivent proportionnellement la progression ascendante du mouvement d'émigration. Ainsi le commerce de la France avec la confédération argentine, qui n'était évalué en 1855 qu'à une somme totale (importations et exportations) de 46 millions et demi de francs (voir le tableau nº 5 de l'ouvrage intitulé : *Direction générale des douanes et des contributions indirectes*), s'élevait, en 1873, à 200,900,000 fr. (*Almanach de Gotha*, 1876, France, p. 640.)

Le consul suisse constate aussi, de son côté, que « l'importation des manufactures et des produits suisses a augmenté dans la République Argentine en raison directe de l'immigration de ses compatriotes, quoique ce ne soient en général que de pauvres familles qui y soient venues de leur pays. » Puis il ajoute : « Pendant des siècles encore les colons et leurs descendants demeureront tributaires des industries manufacturières de la vieille Europe, lui offrant en échange les riches productions du sol argentin. »

Combien cette sage appréciation des choses est-elle plus topique encore, appliquée à l'Italie !

L'Italie, en effet, est la première à profiter de l'expatriation de ses nationaux dans la République Argentine. Tous n'y vont pas mourir de faim, comme on ose le dire, être victimes du pillage des Indiens ou des crimes de leurs propres compatriotes, qui forment la majorité des criminels; au contraire, la plupart y gagnent bien leur vie et amassent assez d'argent pour envoyer leurs économies dans leur pays d'origine, qui profite ainsi de sommes considérables; car il résulte de données authentiques que, pour les Italiens seuls, les envois d'argent de Buenos Aires en Europe, par l'entremise du consulat ou des banques, se montent annuellement à 5 ou 6 millions de francs.

Les 100,000 Italiens qui sont établis dans la République Argentine sont, pour la plupart, des propriétaires, des négociants ou des agriculteurs; ils alimentent aujourd'hui un commerce qui, il y a cinq ans, représentait une somme de 12,849,775 fr. et surpasse cette année 20,855,045 fr. : augmentation en quatre ans de 64 p. 100, malgré la crise. Dans l'ensemble du commerce extérieur de la République, l'Italie occupe le cinquième rang pour les exportations, le quatrième pour les importations et le troisième pour la navigation d'outre-mer. (*Bolletino consolare,* fasc. 11 et 12, novembre et décembre 1876, p. 610 et suiv.)

N'est-il pas à craindre qu'on arrête l'essor de cet important intercourse, en apportant des entraves à ce mouvement spontané qui, dans l'espace de quelques années, a poussé un si grand nombre d'Italiens sur les rives de la Plata, où ils se sont fixés, répandus dans toutes les branches de l'industrie, du commerce et de l'agriculture?

Il est trop tard, d'ailleurs : tous les efforts, toute la vigilance de la police italienne seraient impuissants pour empêcher l'émigration vers un pays auquel tant d'Italiens sont liés déjà par de si nombreux et si graves intérêts de famille, de fortune et d'occupations, où « les immigrants jouissent de leur liberté civile et religieuse, où il n'est point fait violence à leurs habitudes, où leur travail n'est pas exploité par des planteurs indolents, où ils peuvent plus facilement que dans leur terre natale parvenir à la propriété territoriale, à une position indépendante. » Nous en avons le témoignage évident dans les demandes de passage, qui, en dépit des circulaires ministérielles ou préfectorales, affluent par centaines de tous les centres agricoles de l'Italie à notre commissariat général, tant de la part de nouveaux émigrants que d'individus qui désirent aller rejoindre leurs familles sur le territoire argentin.

Ce que peut faire le gouvernement italien, — j'ose même dire que c'est son devoir, — c'est d'éclairer les émigrants sur les dangers auxquels les exposent des agents privés, qui se font de leur expatriation une pure spéculation; c'est d'empêcher que, par des manœuvres frauduleuses, par des embarquements furtifs, on ne soustraie à l'action de sa justice des criminels, qui vont ensuite souiller un sol hospitalier et transformer en quelque sorte ses prisons en succursales de celles de l'Italie; c'est de veiller à ce que les éléments de l'émigration ne soient pas de nature à jeter du discrédit sur l'honneur italien, mais plutôt à lui faire conserver l'estime et l'influence que la colonisation italienne a su acquérir.

En secondant ainsi l'œuvre de l'administration argentine, qui tient, avant tout, à attirer sur son territoire une population capable d'en développer les ressources inépuisables, une population d'agriculteurs laborieux et expérimentés, et qui s'applique de plus en plus à améliorer la position, à assurer l'avenir de cette population adoptive, le gouvernement italien travaillera plus utilement à favoriser les propres intérêts de l'Italie, lesquels, comme je l'ai suffisamment démontré, ne sont pas, sous ce rapport, moindres que ceux de la République Argentine.

Et la tâche commune ne serait-elle pas facilitée par une entente dans ce sens entre le ministre et le commissariat général que j'ai l'honneur de diriger?

Je suis convaincu qu'un pareil accord ne manquerait pas d'avoir les conséquences les plus avantageuses pour les deux pays.

En résumé, la circulaire n'a pu aller jusqu'à interdire l'émigration; elle se borne à « conseiller à ceux qui sont déterminés à émigrer d'attendre que les conditions actuelles soient changées, que la sécurité des colonies soit rétablie, que le fléau des sauterelles soit passé et que la crise financière soit cessée. » Or, laissant de côté la sécurité des colonies, que nous ne sachions pas avoir été un seul instant compromise, n'avons-nous pas démontré que les maux dont on se fait un épouvantail n'ont été que passagers? Point de sauterelles cette année, mais la perspective d'une bonne récolte; la crise financière touche à son terme. Et M. Petich, le vice-consul d'Italie à Rosario, dans son rapport pour l'année 1876 (*Bollettino consolare*, vol. XIII, fasc. 1 et 2, p. 106), exprime sa conviction intime « que le mal ne sera que passager et que, quand la panique financière européenne aura cessé, la position des premiers colons dans ces pays sera consolidée et l'équilibre rétabli au Rio de la Plata entre la production et la consommation; l'immigration recommencera avec une nouvelle force à affluer, et les immigrants, surtout les agriculteurs, obtiendront des résultats d'autant plus positifs qu'ils trouveront chez les anciens colons, devenus indépendants, une base plus sûre d'opérations et un appui solide pour leurs premiers travaux. »

Le changement désiré n'aura donc pas attendu que la circulaire ait accompli l'objet qu'elle semblait avoir en vue.

Veuillez agréer, Monsieur le Ministre, l'assurance de la parfaite considération avec laquelle j'ai l'honneur d'être de Votre Excellence le très-humble et très-obéissant serviteur.

Le Commissaire général,

CARLOS CALVO.

Orléans, imp. de G. JACOB, cloître Saint-Étienne, 4.

www.ingramcontent.com/pod-product-compliance
Ingram Content Group UK Ltd.
Pitfield, Milton Keynes, MK11 3LW, UK
UKHW020235180726
13838UKWH00005B/2400